AD OGNI RITORNO

Bruna Di Giuseppe-Bertoni

Joie de Plume Books

© Bruna Di Giuseppe-Bertoni 2011

No part of this book may be used without the permission of the author, except for brief excerpts with due credit given to the author.

Bruna Di Giuseppe Bertoni

All original work © 2011 by Bruna Di Giuseppe Bertoni.
First Edition, 2011

All rights reserved. The use of any part of this publication reproduced, transmitted in any form by any means, electronic, mechanical, photocopying, recording or any otherwise stored in a retrieval system, without the prior consent of the publisher is an infringement of copyright law.

Library and Archives Canada Cataloguing in Publication

Di Giuseppe-Bertoni, Bruna, 1951-
    Ad ogni ritorno / Bruna Di Giuseppe-Bertoni,
Maria Pia Marchelletta.

Poems.
ISBN 978-0-9813340-2-8

       1. Di Giuseppe-Bertoni, Bruna, 1951- --Travel--
Italy. 2. Pilgrims and pilgrimages--Italy. 3. Italy--
Description and travel. 4. Italy--Poetry.
I. Marchelletta, Maria Pia   II. Title.

DG430.2.D5 2011   914.504'93
C2011-905419-1

Editor: M. P. Marchelletta
Cover Design and Layout: Maurus Cappa
Art Work: Bruna Di Giuseppe-Bertoni
Author Photo: Alvaro Bertoni
Other Photographs: Bruna Di Giuseppe-Bertoni

For all rights contact Joie De Plume Books
Email: jpbooks@rogers.com
Printed and bound in Canada.

Ad Ogni Ritorno

Dedica

Per mio padre, Emilio e mia mamma, Angelina
Per tutti i Ciociari ed i Tufaroli nel mondo

Prima di entrare nella cappella della Santissima

Felicità

C'è un'ape che se posa
su un bottone de rosa:
lo succhia e se ne va...
Tutto sommato, la felicità
è una piccola cosa.

(Carlo Alberto Salustri)
Trilussa

-Questa è la poesia che mio padre mi recitava spesso.

La compagnia del pellegrinaggio, 1964 ci ospitarono fino alla Santissima - Primo a destra è mio Padre Emilio

Indice

Felicità	4
Prefazione: Ritorno alle Radici	8
Introduzione	11

PRIMA PARTE: 13

Il mio Pellegrinaggio alla SS. Trinità	14

SECONDA PARTE: 37

Ad Ogni Mio Ritorno	38
Sentieri D'Italia	39
I Miei Marciapiedi	40
Io e La Mia Anima	41
Madonna del Divino Amore	42
Grazia Ricevuta	43
Benedizione	44
Mi Riconosci?	45
Mi Ricordo di te Roma mia	46
Campi Romani	47
Il Ritorno alla SS. Trinità (1964/1998)	48

Macchione	49
Olivo Secolare	50
Roma-Frosinone	51
Dipinto	52
Lido Di Ostia	53
S.P.Q.R.	54
Alatri	55
Paese	56
Firenze	57
Venezia	58

TERZA PARTE: 61

Roma - Carsoli	62
Ritorno a Tufo Alto	63
A chi Assomiglio?	65
Il Tufarolo Sempre Ritorna	67
Ringraziamento ai Devoti	68
Arrivederci Tufo	69
Addio Santissima	70
Usignolo	71

QUARTA PARTE: 75

Mia Madre è Ciociara	76
Straniero	77
Emigrante	78
Amica Emigrante	79
Sogni	80
Il Distacco	81
Luna Romana	82
Viaggio col Pensiero	83
Diversa Sono	84
Il mio Mondo	85
Ringraziamenti	86

Prefazione: Ritorno alle Radici

Chi parte verso mete lontane, con il cuore in subbuglio per i luoghi e gli affetti è costretto a lasciare, sarà per sempre segnato da stimmate invisibili, lenite soltanto dall'amore per la propria terra e dalla speranza di un ritorno a quelle radici mai dimenticate.

Egli non porta con sé soltanto delle abitudini, che spesso dovrà mutare o abbandonare, ma la lingua e la cultura della propria terra unite alle tradizioni e ai Santi del luogo d'origine. Le strutture mentali collegate a queste specificità, rappresenteranno i punti cardinali sui quali orientarsi, durante il cammino all'interno della nuova realtà sociale e culturale, e costituiranno le radici della persona che nascerà attraverso l'innesto della cultura e del modo di vivere del paese d'accoglienza, sopra di quella del paese di origine.

Sognare, partire, tornare, ritornare, sognare ancora, sono gli atteggiamenti che animano il racconto e la vita di Bruna, che, per un periodo di tempo, aveva trascurato la Fede e il pellegrinaggio avventura di quel lontano 1964, compiuto alla vigilia della partenza per il ritorno alle radici.

Chi parte verso mete lontane, con il cuore in subbuglio per i luoghi e gli affetti che sono costretto a lasciare, saranno per sempre segnati da stimmate invisibili, lenite soltanto dall'amore per la propria terra e dalla speranza di un ritorno a quelle radici mai dimenticate Canada; il padre, devoto della SS. Trinità, partito con lei da Roma alla volta del paese natale, l'aveva trascinata in un viaggio solitario per valli e montagne dell'Abruzzo, risoltosi al calar del sole, con l'incontro di una compagnia di oranti. Al termine di quel pellegrinaggio il padre lasciò un compito a Bruna: "Qua tre volte devono venire" le disse. In queste parole c'era l'ancoraggio del futuro a una realtà di tradizioni e di valori.

Ad Ogni Ritorno

Toronto e il Santuario della Santissima, sono divenuti per Bruna i due punti estremi di un viaggio spirituale che raggiunge il proprio culmine in occasione del terzo pellegrinaggio e dell'adempimento del voto. "Mi tremano le gambe, i miei occhi si riempiono di lacrime. È qui che mi sento con mio padre." Durante il viaggio, attraverso monti e pianori, l'anima si eleva unendosi alla natura incontaminata, e trae forza dalla vicinanza dei compagni di viaggio. Un'onda d'amore spinge in avanti "le mamme di questi ragazzi cantano per non piangere (di felicità). Si vede quanto amore hanno nei loro cuori." Fra i sublimi scenari di un paesaggio vergine, la recita corale delle compagnie di pellegrini, esprime l'anima del popolo. Un fiume orante, una corrente impetuosa di fede e di emozioni, raggiunge il Colle della Tagliata. C'è un credo profondo, ma anche disperazione. Gente che urla "grazia"! Piango...mi chiedo perché." Infine la meta. Là in quella chiesetta Bruna vive la conferma della propria Fede, in una vicinanza spirituale con il padre. Ode la sua voce sottile "grazie figlia del tuo ritorno. E qui che mi ritroverai."

La partenza è allietata dalla vicinanza dei pellegrini divenuti oramai amici. Raggiunto il paese di origine del padre Bruna, affronta la salita verso Tufo di Carsoli Alto, come un nuovo pellegrinaggio. "A ogni impronta della mia scarpa, immaginavo il robusto passo di mio padre giovane che tornava a casa fischiando."

Nell'intenso percorso poetico, carico di simbolismi, che rappresentano il filo conduttore con il suo passato, il grande cuore di Bruna è gonfio d'amore e di gioia nel rivedere i posti della propria fanciullezza, punti fermi e valori veri nei quali lei si riconoscono e che gelosamente custodisce. Le emozioni e le suggestioni sia della prosa sia della poetica si riuniscono in un insieme che sfocia nella voglia passionale che spinge Bruna a non abbandonare o trascurare il nutrimento che le viene dalle sue radici e di conseguenza dalla propria anima. Non c'è soltanto nostalgia per un passato che non ritorna. La memoria dei volti e dei luoghi, si mescola a un'acuta osservazione del presente, e alla capacità di riconoscere ciò che persiste, oltre le limitazioni dello spazio e del tempo.

In quest'ambito, l'acqua della fontanella del quartiere, è come la sorgente della Fede, capace di accompagnare la vita, porgendo ristoro nei dolori di tutti i giorni e accendendo fiammelle di speranza per il domani. "Fontanella del mio quartiere/ che ancora disseti/ mi riconosci?/ mi hai dissetato ogni mattina."

In un tempo di crisi e d'inquietudini Bruna ha ben compreso quanto la solidità era da ricercare nelle tradizioni, nel cuore della propria genesi, per questo lei intraprende il lungo viaggio della speranza che la condurrà a ritrovare le sue radici e a sentire ancora vivo ciò che temeva di poter perdere. Le fondamenta e le radici sono un po' la stessa cosa, consentono di rimanere saldi e non cedere alla violenza del vento, è necessario scavare, proprio come fanno le radici degli alberi nel cuore della terra.

Emma Mazucca
Poetessa, Latina, Frosinone
Sentire e vivere (2005)
Sinestesi. Grida e silenzi (2009)
La Voce che Resta (2010)

Introduzione

Un mese dopo il funerale di mio padre, morto il primo dicembre 1992 a Toronto, la famiglia dovette decidere cosa scrivere sulla lapida di marmo. Su essa volevamo incidere: una frase, una poesia, oppure qualcosa di sentimentale. Il cimitero era vicino a una chiesa antica anglicana costruita nel 1832. Nel 1981, mio fratello fu sepolto in un piccolo cimitero di Scarborough, Ontario e così mio padre decise di essere seppellito accanto a suo figlio. Ambedue riposano in questo cimitero, dove pochi italiani sono sepolti.

Non è stato difficile trovare le parole adatte per incidere sulla sua lapida di marmo. Mio padre aveva l'abitudine di raccontare: proverbi, barzellette, poesie e filastrocche. "Dio, Patria e Famiglia" era il suo detto preferito. Non ho mai dato peso a questa frase perché non capivo il significato. Bensì, i suoi valori erano basati su questo detto. Per ciò, la frase è stata incisa.

Dopo l'addio, iniziai a capire il suo insegnamento, soprattutto il suo legame all'Italia. Tutto quello che mi fu insegnato dai miei genitori, mi spinse a rivisitare tutto ciò che faceva parte del mio passato. E per questo che scrivo a ogni ritorno i miei ricordi e le mie esperienze vissute. Rivivere il passato sveglia in me emozioni inesprimibili. Mi aiuta a vivere e nutro con orgoglio la mia identità.

Bruna Di Giuseppe-Bertoni

Bruna Di Giuseppe-Bertoni

Prima Parte:

Racconto

Questa è la seconda croce nel cammino verso la Santissima.

Il mio Pellegrinaggio alla SS. Trinità

Nel lontano giugno del 1964 quando avevo tredici anni, Papà mi portò per la prima volta al Santuario della Santissima Trinità nel comune di Vallepietra nella provincia di Roma. Vallepietra era un borgo medievale con meno di 400 abitanti ai confini con l'Abruzzo. Siccome la nostra partenza per il Canada era fissata per ottobre, lui mi aveva promesso di portarmi a questo Santuario al quale era tanto devoto. Mi domandai cos'era un santuario o un pellegrinaggio? Io non ero mai stata a un pellegrinaggio e non sapevo cosa aspettarmi. In quei tempi, i fedeli della nostra parrocchia Gesù Buon Pastore, andavano a piedi alla Madonna del Divino Amore. Io avevo partecipato a questo cammino che impegnava cinque ore su pian terreno senza attraversare montagne. Si partiva di notte e si raggiungeva il santuario all'alba.

Armati di coraggio, con gli zaini sulle spalle e un sorriso dolce, salutammo la mia mamma, mio fratello, Franco e Marina, la mia sorellina. Partimmo con il treno da Roma, ma non ricordai se scendemmo a Carsoli o a Tagliacozzo. Non ricordai come arrivammo a Pietrasecca, una frazione del comune di Carsoli in Abruzzo. Arrivati lì, avremmo raggiunto la "compagnia" di Tufo per poi continuare a piedi il pellegrinaggio verso la Santissima Trinità. Quando arrivammo a Pietrasecca, sfortunatamente la "compagnia" di Tufo era già partita e mio padre, convinto di ricordarsi il percorso verso il Santuario, mi guidò frettolosamente verso la strada che portava alla montagna. Non riuscii a capire il perché ero vestita come se andassi in chiesa di domenica. Dopo aver fatto il pellegrinaggio tre volte, mi chiesi con quale idea mio padre mi portava a piedi per otto ore di cammino su e giù attraverso montagne e boschi senza avere gli indumenti né per il freddo né per la pioggia. Il vestito che indossai era più adatto per la stagione con maniche lunghe, calzettoni fino alle ginocchia e le scarpe nere lucide. Sotto il vestito avevo solo una canottiera e mutandine. Avevamo camminato per ore, attraversando boschi, valli, sentieri stretti pieni di fango e di cespugli colmi di spine. Dal modo in cui mio padre continuava a camminare, mi pareva che non avesse alcun dubbio e sapeva la strada. A un certo punto, il panico incominciò a farsi sentire quando lui non vide nessun segno di vita da nessuna parte. Il sole incominciava a tramontare dietro la montagna. Ci trovavamo alla salita del monte Bove.

Non sapevo come non mi gelai. Il sole spariva velocemente e Papà mormorava, "Santissima Trinità, aiutaci tu." Papà mi mise la sua giacchetta addosso e camminava con me in braccio fino a che non si stancasse. A un tratto della strada in lontananza sentimmo delle campane di cavalli e voci di gente. Per fortuna era una "compagnia" che passava per andare alla Santissima che sentì la voce di mio padre. Lui era sperduto e disorientato. Piangeva per la paura di non poter sopravvivere la notte. Mi ricordai che Papà si scusava con me. Io piangevo dal freddo. Le mie scarpe erano tutte infangate. Era stato un vero miracolo di aver sopravvissuto questa esperienza. Questa terribile esperienza la ricordai per anni.

La "compagnia" che ci venne in aiuto fu molto gentile. Mi presero e mi misero un paio di calzini asciutti. Mi avvolsero una coperta e mi posarono sul cavallo perché non potevo più camminare. Coprirono anche mio padre con una coperta per ripararlo dal freddo. Non capivo il loro dialetto. Capii solo che gli dissero che se non gli avesse fatto la grazia, la Santissima a trovare loro, i lupi ci avrebbero assalito. Una ragazza della mia età mi offrì dei biscotti e mi parlò del suo asinello. Da quel momento in poi facemmo parte della loro "compagnia." Alloggiammo per la notte sotto gli alberi con tende messe per proteggerci dal vento. Il fuoco ci riscaldava mentre Papà mi cullava nelle sue braccia. L'indomani quando arrivammo alla Santissima Trinità dove trovammo la "compagnia" di Tufo. La fila per entrare nella chiesetta era lunga. La leggenda più tradizionale diceva che un contadino che arava il terreno sul Colle della Tagliata cadde nel precipizio con i suoi buoi e l'aratro. Quando scese, miracolosamente, ritrovò gli animali vivi davanti ad una grotta, dove si trovava il dipinto della Santissima Trinità con l'aratro rimasto incastrato nella parete rocciosa. Da qui incominciò questo pellegrinaggio che avrebbe continuato per anni or sono. Quando ci trovavamo davanti al dipinto delle Tre Persone Divine, non scorderò mai le parole che disse mio padre alla Santissima, "Santissima, vengo per salutarti, parto con la mia famiglia per il Canada e non so quando ti rivedrò." Poi aggiunse rivolgendosi a me, "Qua tre volte devi tornare."

Finita la visita nella chiesetta, Papà ritrovò la "compagnia" di Tufo e ritornammo con loro fino al paese. Era la prima volta che andai a Tufo di Carsoli, una frazione che apparteneva al comune di Carsoli in provincia di L'Aquila, nella regione Abruzzo. Papà mi fece vedere la sua casa abbandonata.

Come previsto, quell'ottobre partimmo per il Canada e mio padre non ritornammo più alla Santissima. Non mi fece mai dimenticare quanto lui ci teneva che ritornassi un giorno a Tufo e la promessa di tornarci tre volte.

Sono passati tanti anni da quel giorno. Con il passare dei giorni e degli anni quella promessa fu scordata fino a quando ritornai in Italia.

Nel 1998, tornai in Italia con la mia mamma e la mia comare, Celine. Avevo tanti desideri da svolgere: innanzitutto, volevo vedere, dove era situato questo santuario, in secondo luogo, volevo conoscere il paese di mio padre e in terzo luogo, volevo rivisitare il paese della mia mamma. Allora, chiesi a mio cugino, Renato di portarmi a questo posto che

Ad Ogni Ritorno

avevo mentalmente dimenticato, nominato "la Santissima." Mi portò anche per un pomeriggio a Tufo, dove conobbi Lina De Santis, una paesana che abitava a fianco alla casa di mio padre. Non avevo nessun ricordo del santuario della Santissima, solo un piccolo quadro con l'immagine sbianchita di Tre Persone simile l'una con l'altra, ma vestite uguali. Sapevo che era la Santissima Trinità. Il quadro era della mia nonna materna. Arrivata sul luogo, riconobbi subito il posto. Nel vedere il grande "Pratone" pian piano ricordai la salita ripida e la discesa per entrare nella chiesetta. L'emozione fu immensa e i ricordi vividi di quel dì riempirono i miei occhi di lacrime. Fu proprio in quel momento che decisi di ritornare e onorare la promessa fatta a mio padre. Non era facile per me capire cosa spingesse mio padre e altri a fare questo pellegrinaggio a piedi per chilometri e chilometri fra il verde selvaggio. Nonostante tutte le domande che avevo, nei prossimi due anni mi preparai mentalmente per affrontare questo pellegrinaggio. Nel frattempo ero in contatto con Lina De Santis la quale mi assicurava che ci sarebbe stata gente che si avrebbe presa cura di me se avessi deciso di andare alla festa della Santissima.

✳✳✳

Presi la decisione di andare in Italia nell'occasione dell'Anno Santo 2000 con mio figlio, Alvaro, il più giovane dei miei tre figli. Così il mio sogno fu realizzato. L'Italia era in festa. Viaggiammo l'Italia in treno, da Venezia fino alla bella Sicilia. Quando arrivammo a Roma, subito Alvaro, s'innamorò della mia città. Alvaro sapeva che io ero venuta in Italia per fare il primo pellegrinaggio al quale anche lui e mio cugino Renato fecero parte. Il giorno del pellegrinaggio arrivammo con un po' di ritardo. La "compagnia" era già partita e dovemmo affrettarci per raggiungerla.

Avevo portato con me tutti gli attrezzi per il camping: la tenta e i sacchi a pelo. Non sapevo cosa mi aspettava in quell'avventura. Il cammino fu molto difficile. Pensai che non fossimo preparati né per la distanza né per la temperatura. Nel frattempo conobbi tanta gente accogliente. Lina De Santis mi fece conoscere tanti Tufaroli. C'erano persone che avevano lo stesso cognome di mia nonna. Ero molto commossa mentre mi raccontavano storielle di mia nonna e mio padre. Dopo che Alvaro incontrò i Tufaroli devoti alla Santissima Trinità, lui fu sopraffatto da una grande sensazione. Nello stesso tempo rimase impressionato osservando la gente gridare ad alta voce chiedendo alla Santissima una grazia, il perdono e la pietà. Mio figlio non aveva mai testimoniato una cosa simile. Un giorno, questa esperienza gli servirà per continuare la tradizione che dalla Santissima si deve ritornare almeno tre volte.

Avvenne che sia Renato che Alvaro non si sentivano di fare un'altra notte sotto le stelle e affrontare il lungo ritorno a piedi. Allora, dovetti con tanta tristezza ritornare a Tufo con loro. Un signore ci accompagnò in macchina al paese di Tufo. Avevo tanta voglia di rimanere, ma alla fine dovetti ripartire e lasciare tutti questi paesani che furono dispiaciuti che dovevo partire. Ero molto arrabbiata con Renato e Alvaro. Non gli parlai per due giorni. Il sole incominciava appena a tramontare quando lasciammo il campo.

Non ero tanta soddisfatta del fatto che non avevo completato il ritorno a piedi. Rimasi molto dispiaciuta, però mi promisi che avrei un giorno ritornata per completare il pellegrinaggio a piedi come lo feci con mio padre nel 1964. Quando ritornai in Canada, rimasi in contatto con Lina e Pietro Malatesta tramite posta elettronica.

Ad Ogni Ritorno

***

Dopo sette anni, nel 2007 ritornai sola in Italia. Mi ospitò mio cugino, Renato. Passai un po' di giorni a Roma. Visitai alcuni parenti e m'incontrai con una mia cara amica canadese Cindy. Lei e Renato mi accompagnarono a Carsoli il giorno prima del pellegrinaggio. Quella sera, noi tre alloggiammo all'albergo Le Sequoie. Ci venne anche a trovare Pietro Malatesta. Trascorremmo una bellissima serata anche con i padroni dell'hotel. La mattina seguente Renato e Cindy mi lasciarono davanti al monumento dei caduti e mi avviai alla chiesa della Madonna delle Grazie pronta ad affrontare il secondo pellegrinaggio. Ero ben preparata per qualsiasi temperatura. Incontrai Lina DeSantis al piazzale della chiesa, dove anche Pietro mi aspettava. Ero un'estranea, però mi fecero sentire una di loro. Riconobbi gente che fece parte del mio primo incontro del 2000. Ero felice e molto emozionata. Non feci ritardi questa volta ed ebbi tempo di salutare la gente. Per la prima volta incontrai mia cugina Lisa, figlia della sorella di mio padre, Zia Peppinella. Fare la sua conoscenza fu una grande gioia. Mi parlò tanto del paese e della nostra parentela. Non potevo credere allo splendore davanti ai miei occhi. Davanti alla chiesa pian piano si radunavano gente, parenti, e bambini che erano lì per salutare chi partiva. I cavalli erano pronti per il viaggio e i padroni li spazzolavano e gli davano l'ultimo cibo prima di partire. Quell'anno compii tutto il pellegrinaggio a piedi, ma al ritorno per un dolore al ginocchio, Pietro mi riportò in macchina fino a Pietrasecca. Da lì continuai la lunga processione a piedi fino a Tufo. Dopo aver finito il pellegrinaggio, Iole, mia cugina mi aspettava per riportarmi a Roma. Salutai tutti dicendo loro, "arrivederci al prossimo ritorno."

Nel mese di giugno del 2009 dopo la Pentecoste, mi ritrovai in Italia. Due anni erano passati dall'ultimo incontro. Da Roma, arrivai col treno fino a Tagliacozzo. Pietro mi ospitò a casa sua a Tufo. Dopo aver passato una bellissima serata, andai a dormire. La mattina mi svegliai con il suono delle campane del paese. Siccome si doveva partire a mezzogiorno, tutti si riunirono davanti alla chiesa della Madonna delle Grazie. Prima di partire mi fermai alla trattoria del paese per gustare un buon piatto di fettuccine fatte in casa con un sugo delizioso.

Ogni anno si ripeteva questo rito solenne. La gente veniva dalla città o da paesi vicini. Io provengo da una nazione lontana il Canada, da una città chiamata Toronto, dove non esisteva questo rito. Questo era il mio terzo pellegrinaggio a piedi. Gli anni erano passati ma mi sentivo bambina. Mi tremavano le gambe ma avevo tanto coraggio. Qui mi sentii vicino a mio padre. Sentirmi vicino a lui era lo scopo del mio cammino. Desideravo tanto questo ritorno che fu stimolato dalla fede e dal desiderio di mio padre. Era impossibile dimenticare la promessa che gli feci anni fa. Le sue parole guidarono questo desiderio. Conoscevo poche persone ma mi sentivo tra i miei. Alcuni mi riconobbero e mi porsero un sorriso. Vidi in questi volti una somiglianza. "Chi sarebbero queste persone? Parenti? Sarebbero devoti Tufaroli?" mi domandai.

La "compagnia" era pronta nella chiesetta della Madonna delle Grazie che era affollata di gente emozionata. Era venerdì ed eravamo in partenza verso il Santuario della SS. Trinità. Il sole brillava sulle terre Marsicane e baciava le vette dei Monti Simbruini situate in un incantevole panorama nell'Appennino abruzzese. Saremo stati di ritorno la domenica. Le campane suonavano a festa. Il canto dei devoti creò un'emozione profonda che ci riunì in una suprema soavità. Questo ritornello penetrava la mia anima:

Addio Madonna
Noi famo partenza
Chiediam la licenza
E la Santa Benedizion.

La gente che non fece parte del cammino era anch'essa commossa. La gente salutò la "compagnia" e ci augurò un buon viaggio. Eravamo in cammino. Tufo era alle nostre spalle. Davanti lo stendardo, cioè devoti di Tufo, guidava i pellegrini ai primi passi. Eravamo accompagnati dal suono delle campane che svanirono ai nostri passi pesanti. Mi avviai solennemente, guidata dall'ombra davanti a me. Non avevo paura della fatica, del caldo, o della pioggia. Il percorso era lungo e faticoso. Temevo solo di svegliarmi da questo sogno. Si continuò a camminare per sette ore e ognuno di noi partimmo con una propria devozione. Gianmarco era il più piccolo fra i pellegrini. Era un ometto maturo che aveva un cavallo tutto per se. I cavalli variopinti e robusti seguirono i comandi del padrone. Con stile signorile e con aria sollevata, la cavalla bianca fiancheggiava il cavallo moro. Con la criniera nera stendeva il collo sbuffando e continuava a trottare col suo passo mansueto.

Il sole bollente riscaldava i tetti di Pietrasecca. Ci riposammo prima di avviarci verso la montagna. Era un ambiente abitato da serpenti, lucertole, lupi e volpi. Quando si camminava, non si pensava alla vita quotidiana. Era tutto un miraggio. Non c'era altro. Mi trovai sola con il profumo dei boschi. Mio padre fece parte di questo cammino, facendo questi stessi passi. Mio nonno imparò da suo padre la via della Santissima. Anche mia madre, nativa di Villa Santo Stefano, in cioceria andava alla Santissima, per cui fu una tradizione religiosa che fecero da piccoli e fu affidata a noi dai nostri avi. Ogni anno mio padre partiva per questo pellegrinaggio. Con lo zaino sulle spalle montava la bicicletta e andava verso la stazione Termini. Da lì prendeva il treno fino a Carsoli e poi raggiungeva la "compagnia" di Tufo. Ci salutava fino a quando non ci vedeva più. Al ritorno lo aspettavamo sul marciapiede della Via Cristoforo Colombo. La sua bicicletta era tutta addobbata di fiori di carta e sorrideva dalla gioia di vederci.

I cavalli erano davanti. Il primo ostacolo da affrontare era il fango. Il secondo ostacolo era nell'attraversare la stradicciola sassosa. In principio si camminava quasi uniti uno dopo l'altro come soldati. I giovani erano i primi perché avevano il passo più svelto e sparirono di vista mentre i cavalli e noi più di età avanzata prendevamo il passo come potevamo. S'iniziò con la salita e si scese verso la pianura. La discesa aveva un percorso roccioso. Eravamo tutti abbastanza vicini gli uni con gli altri. A quel punto non si sentiva la stanchezza. I ragazzi parlavano tra di loro. Non smisi di godere la bellezza del panorama. C'era un venticello mentre si scendeva e non sentii tanto il caldo. Di fronte, godetti un incantevole paradiso di colori verdi. Il cielo specchiava nel fiume appena visibile. Respiravo i profumi dei boschi sparsi nell'immenso. Gigi di Tufo era a cavallo e gli piaceva cantare canzoni romanesche come "Roma nun fa la stupida stasera" ed io scattai una foto per catturare quel momento così affascinante. Il tempo passava veloce fino al fontanile di Careonara. Lì i cavalli si dissetarono prima di affrontare la discesa verso Valle Intenza. Dallo sguardo dei cavalli temevo di non piacergli e mi allontanai un paio di passi per fargli una foto. Ci fu una piccola pausa a Colli di Monte Bove, una frazione di circa 290 abitanti del comune di Carsoli, prima di salire il monte Bove. La salita ci portò verso Marsia con una fatica pesante. Marsia era un posto ideale per sciisti circondata dalle faggete dei Monti Carseolani. Mi sentivo stanca e rallentai il passo. Un cavallo bianco si accostò a me. Presi la corda della sua groppiera e mi lasciai trascinare. Badai solo ai suoi passi e continuai per la salita.

Il mio passo era lento. Un dolore al muscolo dietro il ginocchio m'impedì di continuare. Gigi mi fece montare sulla sua cavalla e attraversammo il monte Mida alto 1.740 metri. Osservai la bellezza della pianura e della montagna. Il terreno roccioso si stendeva davanti a noi. Nella distanza si videro bestie che pascolavano. Altre si dissetavano in un laghetto. Questo luogo meraviglioso si chiamava Pian del pozzo. Era raro trovare una bellezza simile. Lo spazio era ampio. Il cielo blu baciava le vette dei monti. Da lontano riconobbi la croce di ferro che fu piantata dai Tufaroli. Questa era la prima croce nel cammino, dove la "compagnia" si riunì per il ringraziamento alla Santissima tramite la recita del ritornello. La seconda croce si trovava dopo il rifugio. La terza croce si trovava alzata ai lati del sentiero che portava al santuario. Pensai che ogni croce rappresentasse le Tre Persone Divine. Inginocchiati, si cantava il ritornello a squarciagola e si ripeteva per tre volte: "Evviva la Santissima Trinità." La leggenda era che si doveva prendere un sasso durante il cammino e portarlo fino a un luogo chiamato Femmina Morta. Feci così la prima volta. La seconda volta, presi il sasso per poi posarlo sulla tomba di mio padre. Continuai il cammino con momenti di riflessione. Mi piaceva la solitudine perché potevo contemplare tutto quello che mi circondava. Attraversammo dei sentieri, boschi e ruscelli di acqua sorgente. Il nostro passo era accompagnato dal tocco delle campane appese al collo dei cavalli. A testa bassa riflettevo e mi sentivo unita ai miei pensieri. Godendo la bellezza naturale, silenziosamente continuai il cammino.

Mi accorsi che eravamo arrivati al rifugio. Ci attesero coloro che la mattina partirono con il necessario per passare la notte sotto le stelle. La pianura somigliava a un quadro dipinto. Il margine delle montagne era un colore rosso giallo. Il tramonto illuminava il cielo. Mi appariva come un fuoco che bruciava le vette. Il prato era un immenso velluto verde con rocce bianche e boschi di faggi. Una volta arrivati, ci rinfrescammo i piedi nell'acqua gelida di Fonte Spina, e i cavalli si dissetarono. Qui s'incontrarono amici che non si vedevano da anni. Si rinnovarono amicizie e si cenò all'aperto. Il fuoco ardente lottava con il vento. La legna si consumava in fretta. C'era una vera e propria sfida tra il vento e il fuoco. Protetti dal vento e dalla pioggia, sotto il telone, Teresa, Laura, Santina assieme a altre donne prepararono la cena piena di cibi casalinghi. La pasta era squisita e accompagnata da un bicchiere di vino. Si cantava, si scherzava, si raccontavano storielle con tanta allegria. Domenico mi disse una barzelletta e per non dimenticarla la scrissi su un pezzo di carta. Erano tanti i nomi da ricordare e c'erano nuovi visi. Fabio però non era un viso sconosciuto. Lui lo ricordavo come una persona allegra che faceva ridere tutti. Era un uomo serio e aveva la responsabilità di portare lo stendardo e guidare i pellegrini tutti in fila per la processione verso la Santissima.

 Esisteva una grande unità tra di noi. Non mi dimenticherò mai i membri della "compagnia" di Tufo: Fabio, Pietro, Santina, Paola, Laura, Teresa, Veronica, Romina, Valentina, Giovanna, Florentina, Alfonso, Valerio, Luigina, Alessio, Pietro, Domenico, Gigi, Piergiorgio, Antonio, Tonino, Enrico, Bruno, Giuseppe con il figlio Gianmarco e Piergiulio. Questi giovani erano amici d'infanzia e le loro mamme cantavano con tanta fedeltà per non piangere. Queste mamme erano delle colonne di forza per i loro figli guidandoli con tanto amore.

 La notte scese. Nel 2000, durante il primo pellegrinaggio c'era una luna piena come quella notte. Uno splendore raggiante situato in mezzo ad uno spettacolo mozzafiato di stelle illuminava la valle e dintorni. Mentre godevo la bellezza della luna piena, mi riscaldai davanti al fuoco. Il vento urlava e il tempo si preparava alla pioggia. Il vento sfiorava il fuoco forzando le scintille ad accendere il legno ormai consumato. Era ora di dormire e augurai a tutti la buona notte. Entrai nella mia piccola tenda e mi accomodai nel sacco a pelo. Il vento era furioso ma non era di sicuro un vento scirocco, pareva che fosse un ciclone ma non lo era. La tenda dondolava. Speravo che il vento non se la portassi via con me dentro. Non mi sentivo sola perché i giovani scherzavano e cantavano in piena armonia. Credevo che i canti risuonassero lontano attraverso la valle e i monti sino alle Tre Persone Divine. Non potevo dormire. Ero rannicchiata nel sacco a pelo aspettando la chiamata del risveglio mattutino. I giovani ancora facevano baccano. Chiamavano Valerio e lui non rispondeva. Mi sentivo invisibile e pensavo che a volte vivessi ogni giorno come fosse l'ultimo giorno della mia vita. Ero indifferente su quello che mi limitava. Volevo poter rivivere ancora la mia fanciullezza. Solo la stanchezza mi poteva limitare ma sarebbe stata come una nuvola di primavera che passava. Continuai cercando di rivivere quel momento che ebbi con mio padre nel primo pellegrinaggio. Avevo davanti a me dei volti di ragazzi che erano incredibilmente devoti. La fede era la loro forza. Avevo la sensazione che la Santissima era la nostra salvezza. Mi sentivo tranquilla fra loro. Le campane dei cavalli al pascolo ci avvertirono che erano le tre del mattino e si ripartì. Nel rifugio le mamme dei ragazzi erano le prime ad alzarsi e prepararono il caffè per tutti. Fece buio sino a Valle Morbana per circa cinque ore di cammino. Ero in compagnia di Romina, Veronica e Valentina. Eravamo tutte e tre vicine. Florentina era un po' più avanti. Una aiutava l'altra per far sì che non perdessimo il bilancio e cascassimo. Non si vedeva nulla, solo ombra ma con la lampadina tascabile potevo almeno far luce. Il cielo era stellato e la luna piena illuminava i sentieri. Faceva freddo e il vento scatenato ci accompagnò fino alla seconda croce per il ringraziamento. Aspettammo che tutti eravamo riuniti e poi cantammo:

Santissima Trinità.
Santissima Trinità.
Santissima Trinità.
Io vengo e mi confesso
Chiedo perdon e pietà.

Ripetemmo queste parole tre volte con voce stanca e sfiatata. Si scese verso Valle Morbana e sulle vette delle montagne iniziava a fare chiaro. Le stelle pian piano sparirono e il cielo divenne colore celeste. Il vento non si fece più sentire. Mi avviai su una piccola salita. Si aprì davanti a me una bellezza incredibile che estese oltre l'orizzonte. Da lontano, le vette dei monti erano coperte di nebbia. Camminai senza fretta. Seguii il sentiero e godei il silenzio. Mi diede la sensazione di essere circondata da un paradiso. Forse lo era. Le ore avevano passate senza accorgermene ed ero stanca. Attraversammo boschi di faggeti, strade rocciose, e incontrammo altri pellegrini che tornavano dalla Santissima. Ogni persona mi porse un saluto ed io contraccambiai. Alfonso era molto gentile. Mi vide stanca e mi fece montare sul suo cavallo bianco. Lui era con suo figlio Valerio che aveva anche un cavallo. Ringraziai Alfonso e Gigi per avermi salvato dal dolore e dalla stanchezza. In poco tempo ci trovammo al "Pratone." La grandissima valle era circondata da boschi, colline di velluto verde vigoroso e da tante rocce bianche. Attendemmo tutti quelli che erano andati a piedi e quelli che avevano viaggiato con il pulmino da Tufo per formare la processione. Molti anziani e mamme con bambini si radunarono a noi per poi far parte alla processione. Anche Lina De Santis era fra noi.

Quel giorno ricorreva la festa della Santissima. La gente veniva da tutte le parti dell'Abruzzo e del Lazio. Il santuario si trovava a 1.337 metri sulla parte ovest del Monte Autore, la seconda vetta per altezza dei Monti Simbruini alti 1.885 metri, posto alla base di un'enorme parete rocciosa. Era un luogo sacro e migliaia di pellegrini si riunirono in quel giorno che avveniva la domenica seguente alla Pentecoste, mentre il Santuario era aperto dal primo maggio al trentuno di ottobre. I pellegrini pregavano alla Sacra Santissima in una grotta che scala parte del Monte Autore. Gli storici ritennero che la SS. Trinità abbia origine orientale. Testimonianza di questo era lo stile bizantino delle raffigurazioni nella sacra grotta. Il Santuario, circondato dai Monti Simbruini, si trovava a metà del Monte Autore. La zona era chiamata Colle della Tagliata.

Fabio aveva lo stendardo in mano e guidava la processione verso la salita. Arrivati sull'altopiano del monte, s'iniziò la lunga discesa verso la chiesetta. La "compagnia" di Tufo era unita. Stretti l'uno con l'altro si avanzava a passo funebre. C'era una grande folla che passava i minuti cantando con calore. La gente si avvicinava alla chiesetta e si commosse. Vicino allo stendardo c'erano in prime fila i giovani che ci davano la forza per continuare a cantare. Quell'anno c'erano tanti giovani che non conoscevo. Erano tutti simpatici. Una ragazza di statura piccolina m'ispirò una grande simpatia. Carina era piena di sorrisi ma era un po' pensierosa e nel cammino non parlava molto ma aveva una determinazione nei suoi occhi. Pensai che il cammino, le darebbe forza di non arrendersi.

Avevo nel mio cuore e nei miei pensieri Chiara, una mamma come tante. La sua fede l'avrebbe salvata dall'effetto dell'incidente stradale. Durante il percorso verso la porticina, camminavo accanto a Romina, figlia di Chiara. Nonostante la sua dolcezza era anche preoccupata.

Quando pensai a quelli che vivessero oltre oceano e che non avessero fede, rimasi stupefatta. Mi sembrarono che fossero dispersi e abbandonati. Invece in quel posto regnava pace e credo profondo. Non mancava la disperazione. La devozione era difficile a capire. La gente urlava "Grazia." C'erano mamme scalze con piedi sanguinati. C'era una donna che portava in braccio un piccolo bambino, ma non aveva la forza di urlare e si accasciò per terra lacrimando. Rassomigliava alla Pietà di Michelangelo. Tutti i fedeli piangevano. Continuai ad asciugare le mie lacrime. Piansi a singhiozzo. Mi chiesi perché mio padre volesse tanto che ritornassi qui tra i suoi? Mi accompagnava la sua Fede. Perduta in me stessa, cantavo in lode alla SS. Trinità:

Tutti quanti genuflessi
Siamo noi qui venuti
Onde tutti noi ci aiuti
O Santissima Trinità

Viva viva sempre viva
Quelle tre person Divine
Quelle tre person Divine
La Santissima Trinità

Le lacrime scorrevano di continuo. Tutti erano presi dall'eccitazione e si avanzava verso la porticina della chiesa. C'erano momenti di riflessione mentre il canto continuava a squarciagola. L'emozione era travolgente e non potevo concentrarmi su quello che volessi dire. Forse quella era la porta della salvezza. Giudicando me stessa e riflettendo su questo: se tutto ciò che facessi nella vita, esemplificasse il buon giudizio trasmessomi dai miei genitori, per me era un miracolo.

Voi correte sordi e muti
Ciechi e storpi e desolati
Che sarete risanati
Dall'immensa Trinità

Passai la soglia e mi ritrovai insieme a Papà davanti alla Santissima. Il tempo era fermo. Sentivo che mi era accanto e ascoltavo la sua voce soffice, "Grazie figlia mia del tuo ritorno. È qui che mi ritroverai." Non scorderò mai quel momento che rimase inciso nella mia mente. Quarantacinque anni fa ero in quel posto con lui davanti alla Santissima. "Qui tre volte ci devi ritorna," mi disse. Le sue parole quel giorno diventarono realtà.

Mentre si continuava con passo lento, il tempo di concentrarmi non c'era più. Che cosa potevo dire, "Prega per noi? Fammi una grazia? Assolvi i miei peccati? Salva tutta la gente che soffre?" Nulla mi veniva in mente. Stupita, mi trovai all'uscita. Mi feci il segno della croce ed uscii scendendo le scale con lo sguardo rivolto alla chiesetta. Non voltai le spalle alla Santissima Trinità. Continuai a camminare assieme ai devoti all'indietro, forse come un simbolo di rispetto. Si cantava sempre con tanta devozione:

Addio Santissima,
Noi famo partenza
Voglia la licenza
E la tua benedizione

L'emozione provata di quel posto fu surreale. Il canto alla SS. Trinità, un'aria ciociara mi riportò ai tempi quando mio padre tornava dalla Santissima. In quei giorni mio padre cantava sempre la canzoncina, *Sono stato alla Santissima*, ma con poca allegria, quasi con tristezza perché la festa era finita. Mi trovai anch'io a cantare con lacrime e gioia la stessa canzone.

Sono stato alla Santissima
Sono stato col cuore pentito
Mi pareva che passo
Si salisse all'infinito.

Ho lasciato la casa lontana
Ho percorso una lunga via
Per venirti a visitare
O dolcezza dell'anima mia

Quanta gente e quanta pace
Che armonia di ciaramelle
Quanto'è bella, quant'è bella
La Santissima Trinitate.

Son salito sulla vetta
E mi sono inginocchiato
E la grazia alla Santissima
Con fede ho domandato.

Tutti grida: grazia!
La montagna risuona di canto
Quanta gente, quanta gente
Porta gli occhi bagnati di pianto.

Son saliti gli storpi e i muti
Son saliti con i sani i malati
Quanti cuori hai consolati
O Santissima Trinitate.

Sono entrato nella cappella
E l'immagine ho venerato
Quanto'è bella, quant'è bella
La Santissima Trinitate

Benedici chi soffre e piange
Benedici i cari lontani
Benedici tutti i cristiani
O Santissima Trinitate.

Nella vasta pianura del "Pratone," la "compagnia" di Tufo si riunì in collina sotto l'ombra dei faggi. Domenico Minati forse era un mio parente. Mia nonna, Giovanna faceva di cognome Minati. I miei genitori mi diedero il suo primo nome come secondo nome. Nacque a Villetta e morì a Roma nel 1939. Non esisteva una sua fotografia e non so se assomigliava a mio padre. Nei racconti della nonna, Papà ricordava quando un giorno la nonna aveva nascosto delle castagne, unico cibo che aveva per sfamare i suoi cinque figli. Chiese a mio padre in dialetto, *"Chiattu me a do si missu e castagne? Che te le si magnate tutte tu?"* Papà non aveva il coraggio di dirle sì, però la nonna lo scoprì quando si lamentò di soffrire di mal di pancia.

Tanti parenti di mio padre vivevano a Roma. Per me fu una grande gioia fare conoscenza con la gente che conosceva mio padre. Stefano mi aveva accennato che si ricordava bene di mio padre. Mi raccontava che quando lui ritornava al paese a casa sua si ballava. "Tuo padre era un ballerino, " mi confessò.

Dopo il pranzo si ripartì per il rifugio. Mi sembrava un sogno e non volevo svegliarmene. Era pomeriggio e il sole ci accompagnò fino a Fonte Spina dove ci rinfrescammo prima della cena. Feci amicizia con tanti, anche con quelli che ritornavano ogni anno da Roma. Conobbi Bruno nativo di Tufo, residente di Roma che mi parlò di Carsoli e le antiche popolazioni che fecero parte della civiltà dei Carseoli. Sapeva tutto sulla formazione dell'Abruzzo. Erano anni che lui partecipava al pellegrinaggio con altri amici di Roma. Quello che udii, mi diede un po' di speranza. Forse anch'io sarei ritornata.

Era la seconda notte sotto le stelle. Prima di ritirarmi nella mia tendina godetti ancora la compagnia della gente. La brace ci riscaldava. Eravamo stanchissimi ma i ragazzi ancora facevano baldoria suonando e cantando. Erano le tre di mattina, era ancora buio, pioveva fortemente e smontai la tenda. Tutti aiutarono a smontare il grande telone e a lasciare il rifugio pulito prima di ripartire. Due anni fa faceva la pioggia e m'impedì di ritornare a piedi. Il ritorno era ugualmente molto difficile perché pioveva a dirotto. Poca gente, infatti, solo i padroni dei cavalli ritornarono a piedi.

Domenico e Giovanna mi ospitarono nella loro Cherokee automatica dove c'era anche Romina, figlia di Pietro. Il viaggio non pesava perché si parlava di continuo e si ascoltava musica. Ci trovammo in anticipo, di fronte ai cavalli. Ci fermammo per un cappuccino e un cornetto. Benedetti chi li portarono, non li conoscevo, però li ringraziai di vero cuore. Lì incontrammo la carovana di macchine che ci aveva seguito nel percorso del pellegrinaggio. Pietro Malatesta era in macchina con il cappello della Santissima tutto addobbato di spillette. Lui mi dette lo stimolo di ritornare per il pellegrinaggio. Pietro mi offrì il suo supporto. Mi venne a prendere alla stazione e mi portò a casa sua a Tufo. Pietro divenne un mio caro amico. Per anni avevamo comunicato tramite l'internet.

Man mano che si scendeva, i colli di Monte Bove si trovarono alle nostre spalle. Il momento più commovente doveva ancora arrivare.

Giunti a Pietrasecca, incontrammo tutti i parenti che venivano per dare un saluto allo stendardo della Santissima. Lo stendardo aveva lo scritto "Devoti di Tufo" in lettere dorate. Si adornò la sacra immagine con fiori di carta colorita, che i ragazzi usavano per decorare i cavalli. Si scattò la foto del gruppo a chi aveva partecipato a piedi al pellegrinaggio. Poco dopo la processione si avviò in discesa verso Pietrasecca. Nel paese tutti aspettavano ansiosi di vedere lo stendardo rosso con l'immagine sacra della SS. Trinità. Si continuava lentamente per la strada principale. Si cantava a voce alta. L'emozione non si sciolse, anzi si amplificò. Uno dopo l'altro in fila, tutti baciarono lo stendardo. Piangendo fecero omaggio all'immagine sacra. Noi ci unimmo alla processione e continuammo il cammino verso la chiesa di Tufo. Volgendo lo sguardo più lontano vidi la cima del paese che subito riconobbi. Vidi chiaramente il campanile della chiesa di Santo Stefano. Ovunque passavo in quella regione,

Ad Ogni Ritorno

la veduta era un acquarello di colori vibranti e non mi stancavo di godere ogni minuto la sua bellezza.

Rimasi sorpresa quando Pietro mi dette l'onore di portare lo stendardo fino alla chiesa della Madonna delle Grazie. L'emozione provata fu indescrivibile. Davanti alla processione c'era, la sottoscritta. Mi sentivo sorella e amica di tutti. I fedeli mi vennero incontro per baciare lo stendardo. Prima di girare verso la piazzetta della chiesa, Chiara che si reggeva appena sulle stampelle, aspettava. Mi ricordai il nostro primo incontro, la presi subito in simpatia. Era molto gentile e accogliente con un sorriso candido. La notizia del suo incidente stradale mi turbò molto. Non feci altro che pregare per lei. Pregavo che potesse guarire e godersi la famiglia. Mi domandai, *quanta fede ha una persona? È questa la 'Grazia ricevuta'? Penso di sì. Cos'altra potrebbe essere?* Testimonianza di ciò era il museo accanto al santuario, dove c'erano esposte stampelle di tutte le misure come prova di fede e di miracoli ricevuti. Chiara baciò l'immagine sacra della Santissima. Era commossa e si appoggiò sulle sue stampelle, tenendo il braccio destro di sua figlia, Romina.

La processione girò verso l'entrata della prima chiesa, la Madonna Delle Grazie. Mi avviai con lo stendardo fino all'altare. Mi girai e la sacra immagine della Santissima era esposta davanti a tutti. Il canto continuava con ardore. Finito il ringraziamento alla Madonna, la processione continuò nei vicoli di Tufo Basso, dove tutti furono testimone dell'evento. Poi si arrivò alla seconda chiesa chiamata, San Giuseppe e si attese la santa messa. I pellegrini che avevano fatto il pellegrinaggio si riconobbero fra la gente perché i loro visi erano sudati e bruciati dal vento, con gli occhi socchiusi quasi in un primo sonno. Avevo voglia di fermarmi, ma ancora c'era un po' di strada da fare per raggiungere l'ultimo ringraziamento. Si arrivò alla terza chiesetta della Madonna di Carmine, dove fu battezzata mia nonna. Il paesetto era attaccato a Tufo Basso, dove nacque. Ricordai quando mio padre nei momenti di preghiera ringraziava la Madonna del Carmine. L'ultimo ringraziamento alla Santissima fu molto commovente. Con voce frantumata, e tanta stanchezza si ringraziò la Madonna per averci dato un sano ritorno. Si salutò la Santissima Trinità per la terza e ultima volta. La gente mi salutò e mi augurò di ritornare presto. Provai molta gioia nel cuore. Fu difficile condividere questo sentimento con gente che non aveva emigrato. Il distacco dalla patria, la lontananza dei parenti e l'adattarsi a un paese sconosciuto erano quasi inspiegabile. Era come una perdita di qualcosa cara che ti mancherà per sempre.

Mi ritirai per la notte a casa di Pietro situata nel paese di Tufo Basso. Lo ringraziai per la sua gentilezza. La casa era in affitto a una ragazza romena di nome Florentina che si occupava di un'anziana. Avevo conosciuto Florentina l'anno prima durante il pellegrinaggio e d'allora diventammo amiche.

Alla prima luce del mattino, mi alzai e passeggiai nei vicoli deserti. Il paese dormiva. Trovai la strada, dove mio padre passava per andare a Tufo Alto. Decisa, camminai la salita e pian piano le casette di Tufo Basso svanirono. La strada era serpentina. Vi erano sassi consumati coperti da erbe e da cespugli. Con ogni impronta della mia scarpa, immaginavo il passo pesante di mio padre giovane che tornava a casa fischiando. Le prime case che incontrai erano abbandonate. I muri cadenti erano coperti di erbe e di cespugli e male appena si vedeva lo stucco bianco ormai consumato. Quel paese m'incantò. Poche erano le famiglie che vivevano lì. L'amica mia Lina e la sua famiglia avevano sempre vissuto a Tufo Alto. C'erano altre famiglie che avevano restaurato le case dei genitori e venivano in vacanza durante l'estate. Man mano che camminavo, ricordai quasi tutto del mio primo incontro con la Santissima Trinità. La porta della casa paterna di mio padre era chiusa con un filo di ferro. La aprii facilmente ma dentro era buia e abbandonata. Sorsero tanti pensieri per restaurare quella casetta. Feci una visita alla chiesa di Santo Stefano. Salutai la gente dei dintorni e ritornai a Tufo Basso. Quella sera partii per Roma. Pietro e la moglie Chiara mi accompagnarono a Roma. "Scopro qualcosa nuovo a ogni ritorno," balbettai.

Seconda Parte: Sentieri d'Italia

Pellegrini che arrivano alla Santissima

Ad Ogni Mio Ritorno

Arrivo a Fiumicino
frettolosa cerco l'uscita
che conduce all'aperto.

Tra voci alterate
rumore del traffico
sole bollente
sono emozionata.

Il profumo dell'oleandro
nelle aule dei giardini
lungo l'autostrada
m' assicura l'arrivo.

Il cielo è azzurro
aria profumata
le mie pupille non smettono
di godere la bellezza.

Nel vecchio quartiere
il gelsomino è in fiore,
dolce ricordo della mia
fanciullezza.

Nei campi il vento
culla un mare di ginestre.
Questa è casa mia.

Sentieri D'Italia

Vivido è il ricordo dei sentieri
che mi dettero un cammino verso la vita.

Vivido è il ricordo dei verdi campi
pieni di margherite e papaveri.

Vivido è il profumo
di mimosa nei primi di marzo.

Vivido è l'amore e la nostalgia
per loro.

I Miei Marciapiedi

(La Montagnola, Roma)

Marciapiedi del quartiere
impronta del mio passato.
Riflessioni di una vita irreversibile.

Correre,
camminare,
pattinare
mi vedo su essi
oramai consumati.

Lì m'imparai.

Io e La Mia Anima

Spirito celeste
Ti nascondi
Dietro un cielo
Stellato.
Nella notte serena
Ti lasci cullare
Pace immensa
Tu assorbi
Ti perdi nella tua
Fantasia.
Adempi questa
Tua poetica finzione.

-processione notturna verso il Santuario della Madonna del Divino Amore (Roma) 17 maggio, 1998

Madonna del Divino Amore

So che guidi il mio destino
Credo alla bontà umana.
L'amore che mi davi,
Donavo agli altri.
Lo spirito celeste
È solo un'ombra
Che si nasconde
In una stella brillante
Libera nel firmamento.

Se io potessi fermare
Il destino
Per non vedere
Il mondo soffrire
Sarei pronta a raggiungere
lo spirito celeste.

Grazia Ricevuta

Affogata di lacrime
lodo te Santo adorato
Anni sono passati
Un oceano ci divide.
Ritorno e t'imploro.
Ti ringrazio
Con testa chinata
accetto
questa grazia
miracolosa

-Basilica di S. Antonio di Padova
 (11 maggio, 1998)

Benedizione

In ginocchio
prego
Mano stesa di un frate
Sulla mia testa.
Pregiate.
Un profondo silenzio
Assale la mia anima.
Piombo sono le sue mani
che scolpiscono la mia coscienza.

Credi o non credi?

Ad Ogni Ritorno

Mi Riconosci?

(Fontanella di Via Fonte Buono)

Fontanella perenne,
a ogni angolo sorgi.

Fontanella del quartiere
che ancora disseti

mi riconosci?

Mi dissetavi
ogni mattino.

Fontanella all'angolo di Via Vedana e Via Fonte Buono nel quartiere della Montagnola (EUR)

Mi Ricordo di te Roma mia

Ricordi perduti
di un lontano dì.
Vita vissuta in vicoli scordati.
Marciapiedi vuoti.
Arida fontana.
Visione di cose ormai sparite.
Longeva amica
quando ti rivedo
sempre splendida sei.

Campi Romani

(Fosse Ardeatrine)

Campi infiniti di fiori
Bianche margherite
Come stelle notturne
Accompagnate da
Un altro fiore
Rosso vivente
Tenue dolcezza
Sperduto e selvatico
Mi somiglia
Spontaneamente
Cresce il papavero.

Il Ritorno alla SS. Trinità (1964/1998)

Valle scordata da una mente
fanciulla.
Ricordo il battito del
cuore di papà che
mi cullava.
Nella notte profonda,
il focolare illuminava
visi sconosciuti.
Parlavano e non capivo.
Era un pellegrinaggio
verso il Santuario della SS.Trinità.
Davanti alle Tre Persone
Papà disse: "Prega fija mia
che un giorno torneremo.
Tre vorte qua ce devi ritornà."
Trentatré anni sono passati
Vista la valle,
vidi mio padre.

Emilio Di Giuseppe mentre si avvia verso la Santissima nel 1964

Macchione

(Terra di mio Nonno)

Profumo di ginestra
in questa terra scordata.
Ancora si distinguono
i ruderi dove la casa giaceva.
Il forno è ormai un monte
coperto da erbe.
Il noce, il pesco, il fico,
alberi robusti. Frutti perduti.
File di olivi, foglie color argento.
Quanta bella ombra fa sotto
un sole rovente in questa
terra scordata.

Olivo Secolare

Albero di frutta
vigoroso.
Simbolo di pace,
 di sbieco da secoli.
Coltivato dal mio
e suo nonno.

Parlami di loro.

-Oliveti nella Ciociaria a Macchione Villa S. Stefano

Roma-Frosinone

Godo le ore nel treno
che mi porta velocemente
tra un pianto e un sorriso
una gioia e un sospiro.
Attraverso le più belle
immagini della natura
riconosco i posti.
La gente ha un'assomiglianza.
Qui sono nata.

Perché non posso rimanere?

Dipinto

(Frosinone - Fossa Nova)

Esalto Santo
spennellato
Irremovibile
davanti a me
genuino.
Occhi radianti,
fissi su tutti
parlano.
Sono secoli
che parlano
e secoli
che non ascoltiamo.

Lido Di Ostia

Mare che hai cancellato
Le impronte della mia fanciullezza
Castelli di sabbia
e sogni di amore.

Tornano le onde
Che baciano la sabbia
giorno dopo giorno
di continuo
cancellano...

Ritornai
anche ora
cancellerai
le orme
di questa passeggiata
di un nome
di un pensiero.
Ma non potrai mai
cancellare
il ricordo di lui
che volevo amare.

-una passeggiata lungo il luogo ove da bambina andavo

S.P.Q.R.

(Senatus Populus Que Romanus)

Pe noi Romami
è facile sapè
de che se tratta
sta parola.
Me pare te sentì
er sor Nicola che
me correva appresso
pe beccamme .
"Stà attento ar che
se dice de Roma mia
nu mica semo porci sà."
E me te pare proprio vero
che stà li che corre verso me...
...nvence stavo solo a sognà.

Alatri

(Monastero Dei Frati)

Altare abbandonato
in un angolo, su un posto
quieto e meraviglioso.
Colori assorbiti
di un ritratto di un Santo
su un muro scolpito.
Dipinto anni e anni fa.
Sbiadito è l'immagine
che imploro inginocchiata.
Gli occhi alzati al cielo,
si abbassano e mi guardano.
Li fisso e mi incantano.
Mi volto e mi seguono,
accompagnandomi.
Ancora mi accompagnano.

Paese

(Provincia Latina)

Quieto è il mattino
In questo paese morto.
Mi tormenta il ricordo
però ci vivono.
Segreti nascosti in queste mura.
Vecchie mura di un posto sacro.

Firenze

Romantica follia.
Di gente colta.
Dante
Divina Commedia
Canto quinto…
Civiltà.
Poeti, scrittori, filosofi.

A te pensai in questa
città di cultura.

Qui ti troveresti!

Venezia

Il mare da secoli ti culla.
Romantica città vibrante.
L'amore si consuma al chiar di luna
Di due cuori sconosciuti.
All'alba svaniscono.
Ignoti del vero amore veneziano.

Le poesie in questa seconda parte sono state pubblicate in "Sentieri d'Italia" da Lyricalmyrical, 2004.

Ad Ogni Ritorno

Bruna Di Giuseppe-Bertoni

Terza Parte: Paese Nostalgico

Dopo Valle Morbana si apre questo bellissimo panorama.
Sul cavallo a distanza è Florentina.

Roma - Carsoli

Two hour train ride
Track 2
The shrilling of the
wheels rolling
slowly forward...
unknown scenery
faster and faster
memories
echoing beneath
the belly of the train
he walked
to Tufo Alto
no money

The tunnel comes
quickly...
darkness
anticipation
sunshine follows

my heart stops
a watercolour painting
extends as far as my eyes
can see.
Breathtaking
Il treno speeds between the
broken mountains
whistling and chanting
I see you...I see you
Steady moves on...
the river runs beneath
the bridge

Ad Ogni Ritorno

it's dark again
I see the shadow
of my father walking
amidst tall grass
beside the railroad
tracks…going home
to Tufo Alto

Il treno verso Tagliacozzo

Ritorno a Tufo Alto

Nacque qui su questa
vetta dove il vento
accarezza il campanile della
Chiesa di Santo Stefano.

Più in alto tocchi Dio.

Veduta di Tufo Alto e Tufo Basso

A chi Assomiglio?

Lo sguardo della gente
è curioso mentre cammino
in cerca di…non so che.
Nel paese natio di mio padre sono ignota
i loro volti mi somigliano.

Ricordo la salita della montagna.
Il sapore delle castagne
la casa abbandonata
lassù mi portò
Tufo Alto.

Mi avvio verso la salita.
All'arrivo sono stanca
rilascio un sospiro profondo
i ricordi sono vividi.
Verso ovest un panorama spettacolare
brilla sotto un sole raggiante
sino all'orizzonte.

Nel pomeriggio i vicoli sono deserti
Da un portone una signora mi sorride.
"Mio padre è Tufarolo," le dissi.
"Mio nonno Giovanni e nonna Giovanna.
li conoscevi?"
"Desidero sapere… a chi somiglio?"
Mi fa segno ad un portone
 "*Quessa era a casa sea a do è natu issù*" mi disse.
 Ora è deserta.
Mi porta alla chiesetta dove mio padre fu battezzato.

Mio padre Emilio te lo ricordi?" le chiesi.

"*Sì – Emilio, miglu ricordo, Attilio, Sabatino e Antoniuccio – Begli vagliuni – tutti morti – brai vagliuni.*"
"Ma io a chi somiglio – a mio nonno?" le chiesi.
"*Paricchiù*" – mi disse.
"E a mia nonna?"
"*Na' cria*" – rispose.

A destra la casa dove nacque mio padre Emilio Di Giuseppe
Tufo Alto

Ad Ogni Ritorno

Il Tufarolo Sempre Ritorna

Tufo Alto fa capolino
su una montagna
nascosto tra il verde e
gli alberi adornati di castagno.

Sorge sul punto alto
verso il cielo azzurro
abbracciato da Dio
il sole lo bacia all'alba.

Pochi sono rimasti
la casa paterna abbandonata
dove i primi passi e sogni
sono rinchiusi tra le mura.

Dove sono i figli?
Col tempo
il Tufarolo sempre ritorna.

A sinistra Villetta dove nacque mia nonna Giovanna Minati

Ringraziamento ai Devoti

A voi Tre Persone Divine
ritorno e confesso.
Fede non ho.
Fu perduta fra gente
che fede non aveva.

Ritrovata tra i Tufaroli
che fedeltà mi donano?

L'immagine nella cappella della Santissima Trinità

Arrivederci Tufo

Porto con me le immagini
Di questo paese accogliente
il profumo della ginestra
l'aria fresca di montagna
la bellezza naturale del luogo
e il fascino dei Tufaroli

Arrivederci Tufo!

Addio Santissima

Addio Santissima
parto,
lascio la fede
e devozione di lui,
mio padre.

Partì lontano
senza più tornare.

La compagnia che ci aiutò nel 1964 a ritrovare la strada del Santuario.
Io mi trova a destra.

Usignolo

tranquilla mi avvio
nel cuore della foresta.
M'invita a perdermi nella sua magia.
Raggi di sole trafiggano gli alberi
come lance argentate

Quieto è il momento.
Sento la vita avanzare
il sapore del bosco sulle mie labbra
eccita la mia esistenza
anni trascorsi in mute preghiere
Fisso l'usignolo mentre pacifico
vola dal mio sguardo

Questa è la strada che una volta si faceva per andare a Tufo Alto. Qui mio padre passava alla fine del suo lungo ritorno da Roma

Pietro Malatesta e Armando preparano la legna per la notte

Il Rifugio

Ad Ogni Ritorno

Bruna Di Giuseppe-Bertoni

Ad Ogni Ritorno

Quarta Parte:
Viaggio col Pensiero

Riunione al primo ringraziamento dove c'è la prima croce alzata dai Tufaroli

Mia Madre è Ciociara

È un fiore sbocciato nell'aria pura.
Alta un palmo, svelta come la lepre.
Lo sguardo è dolce come le sue parole.
Coraggio da leone.
Una ginestra in fiore.
Un papavero selvaggio.
La sua virtù è grande.
Bella come una rosa bianca.

Straniero

Cammini nei giardini
dove sono nata
ti lasci dissetare
dalla mia fontanella
ti vedo triste
e guardi nel vuoto
la tua pelle non è
lo stesso colore
della mia.
Il tuo sguardo
incrocia il mio.
Cosa vuoi che ti dica?
Anch'io mi sento straniera.

Emigrante

Il tempo non è fermo
la mia pelle rugosa
i miei passi rallentano
i ricordi hanno priorità.

Il tempo non cancella
quel giorno al porto di
Halifax il timbro
da emigrante.

Amica Emigrante

Parlo di me e di te,
amica immigrante.
Troppi sono i legami di
questo segnato destino.
Sorella sei.
Ignoto è il tuo volto.
Capisco il tuo cuore
destinato e guidato da un
legame di emigrante.
Sconosciuto e diviso
in un'aura straniera.
Piccole piante noi eravamo,
alberi fissi ormai siamo
trapiantati in questa terra.
Donne destinate e non sconfitte.
Doniamo il frutto alla nuova
terra che ormai
è nostra e che sarà
la patria dei nostri figli.

Sogni

Sogni di fanciullezza
Sigillati in un bagaglio di nostalgia.
Furono
gettati
scordati
forse persi nelle abitudini odierne.
Sogno loro
frantumati a mille pezzi.

Il Distacco

Distaccarmi da te vorrei eterna città,
come l'uccello lascia il nido
ti lasciai senza pietà.
Ero piccola e confusa
più s'allontanava il treno
più ti sentivo vicina.
Non ritornai come l'uccellino
ritorna al suo nido.

Lontana sono, il mare ci divide.
Emigrante diventai,
ora sono mamma.
Troppe primavere sono passate,
libera di volare non sono.
Nei miei sogni ritorno da te
e come un uccellino ti volo intorno.
Vedo un nido nel pioppo
e li riposo.

Luna Romana

Illuminata d'argento
filtra nei soffitti
bacia i tetti
silenziosa accarezza
le onde
piena riempie i cuori
mistica creatura
svanisce
ritorna
come i miei sogni

Viaggio col Pensiero

Brillano i rami di acero come diamanti.
L'inverno porta il bello delle favole.
Un bianco lenzuolo copre la valle.
Il cielo blu specchia nel lago ghiacciato.

La rondine si posa sul tetto…
a Roma la mimosa è in fiore.

Il mio pensiero viaggia con le onde
e poi ritorna.

- Pubblicata nell'antologia "Viaggio" da Pragmata, Roma, Italia 2010
- Vincitrice del primo premio

Diversa Sono

Io parlo la mia lingua
Che non è capita.
Diversa mi vedono

Io sono la mia origine
Italiana
i miei pensieri
cibo
preghiere

Ora parlo la loro lingua
non mi capiscono
diversa sono
diversa resterò

Il mio Mondo

Il mio mondo
me lo portai con me
nel mio taschino
il giorno che lasciai
la mia casetta
lì oltre l'oceano.
Speranza di un ritorno

Il viaggio cambiò il mio mondo
L'*aradietto* non parla più la mia lingua
Imparai le sue parole
La mia casetta ora non c'è più
senza speranza di un ritorno.

Ringraziamenti

Voglio ringraziare le seguenti persone per il loro sostegno, ospitalità, accoglienza, aiuto morale, appoggio, costante incoraggiamento, per l'amicizia, e il bene che mi hanno mostrato: Renato Di Giuseppe, Lina De Santis, Pietro e Chiara Malatesta, Giorgia Bassani, Anna Asnaghi, Giovanna M. R. Capozzi, Rosanna Lo Presti e la mia mamma, Angela.

Grazie a Emma Mazzuca per la sua prefazione. Ringrazio Alfredo Biafora per il suo sostegno, la sua collaborazione e guida. Ringrazio Maria Pia Marchelletta per il controllo del libro. Ringrazio Giuseppe Bernardi per avermi dato il consenso di usare il suo racconto come punto di riferimento. Ho usato il libretto delle canzoncine religiose della Santissima Trinità-Italo Tardiola-Vallepietra che mi ha regalato Teresa di Tufo.

E infine un grazie di vero cuore a tutti quelli che mi hanno accolta con tanta amicizia e bontà.

Il ricavato della vendita del libro verrà devoluto all'Associazione Noi per voi Onlus con sede in Tufo che realizzeràa un dipinto all'interno della Cappella della Santissima Trinità configurante i tre Santi.

www.ingramcontent.com/pod-product-compliance
Lightning Source LLC
Chambersburg PA
CBHW050604300426
44112CB00013B/2072